166

Merve Verlag

Gilles Deleuze
Woran erkennt man den Strukturalismus?

Aus dem Französischen übersetzt von
Eva Brückner-Pfaffenberger und Donald Watts Tuckwiller

Merve Verlag Berlin

Dieser Text erschien deutsch zuerst in:
Geschichte der Philosophie, hg. von F. Châtelet, Band 8
Ullstein-Verlag, Frankfurt-Berlin-Wien 1975
Wir danken für die freundliche Abdruckerlaubnis.

Postfach 150 927, 1 Berlin 15. Printed in Germany.
Druck- und Bindearbeiten: Dressler, Berlin.
Satz: SupportAgentur Gabler & Lutz, Berlin.
Umschlagentwurf: Jochen Stankowski, Köln.
ISBN 3-88396-092-6

Inhalt

Man fragte vor kurzem noch: "Was ist der Existentialismus?" Heute: "Was ist der Strukturalismus?" Diese Fragen sind von lebhaftem Interesse, doch nur unter der Bedingung, daß sie aktuell sind, daß sie sich auf Werke beziehen, die im Entstehen sind. *Wir befinden uns im Jahr 1967.*[1] Man kann sich also nicht auf den unvollendeten Charakter der Werke berufen, um der Antwort auszuweichen, allein dieser Charakter ist es, der der Frage einen Sinn gibt. Von daher ist "Was ist der Strukturalismus?" aufgerufen, gewisse Wandlungen durchzumachen. In erster Linie, *wer* ist Strukturalist? Es gibt Gewohnheiten im Aktuellsten. Die Gewohnheit bezeichnet, sie sortiert zu Recht oder zu Unrecht: ein Linguist wie R. Jakobson; ein Soziologe wie C. Lévi-Strauss; ein Psychoanalytiker wie J. Lacan; ein Philosoph, der die Epistemologie erneuert, wie M. Foucault, ein marxistischer Philosoph, der das Problem der Interpretation des Marxismus wieder aufgreift, wie L. Althusser; ein Literaturkritiker wie R. Barthes; Schriftsteller wie die der *Tel-Quel*-Gruppe... Die einen verwerfen das Wort "Strukturalismus" nicht und benutzen "Struktur", "struktural". Die anderen ziehen den saussureschen Begriff des "Systems" vor. Obwohl sie sehr unterschiedliche Denker und unterschiedliche Generationen sind, haben einige auf andere einen wirklichen Einfluß ausgeübt. Das wichtigste ist jedoch die extreme Vielfalt

---

1 Dies ist der Originaltitel des Textes von Gilles Deleuze. Wir haben, um Täuschungen zu vermeiden, den Titel der französischen und deutschen Buchausgabe beibehalten (A.d.R.).

von Bereichen, die sie erforschen. Ein jeder findet Probleme, Methoden, Lösungen, welche in analogen Beziehungen stehen, da er an einer freien Atmosphäre der Zeit, an einem Zeitgeist teilhat, der sich jedoch an den einzigartigen Entdeckungen und Schöpfungen in einem jeden dieser Bereiche mißt. In diesem Sinne sind also die *-ismen* vollkommen begründet.

Zu Recht bezeichnet man die Linguistik als Ursprung des Strukturalismus: nicht allein Saussure, sondern auch die Moskauer Schule, die Prager Schule. Und wenn sich der Strukturalismus daraufhin auf andere Bereiche ausdehnt, so handelt es sich diesmal nicht mehr um Analogie: dies geschieht nicht nur einfach, um Methoden einzuführen, welche jenen "äquivalent" sind, die zunächst in der Analyse der Sprache erfolgreich waren. In Wirklichkeit gibt es keine Struktur außerhalb dessen, was Sprache ist, und sei es auch eine esoterische oder sogar eine nicht verbale Sprache. Es gibt nur insofern Struktur des Unbewußten, als das Unbewußte redet und Sprache ist. Es gibt nur insofern Struktur der Körper, als die Körper für sprechende gehalten werden in einer Sprache, welche die der Symptome ist. Die Dinge selbst haben nur insofern Struktur, als sie einen schweigenden Diskurs abhalten, welcher die Sprache der Zeichen ist. Also wandelt sich die Frage "Was ist der Strukturalismus?" noch weiter - man sollte besser fragen: woran erkennt man jene, die man Strukturalisten nennt? Und was erkennen sie selbst? Denn es ist nur allzu wahr, daß man die Leute auf eine sichtbare Weise nur an den unsichtbaren und unspürbaren Dingen erkennt, die sie auf ihre Weise erkennen. Was tun die Strukturalisten, um in einer Sache eine Sprache, die eigentliche Sprache eines Bereiches, zu erkennen? Was finden sie in diesem Bereich? Wir nehmen uns also nur vor, gewisse formale Erkennungskriterien, die einfachsten, freizulegen, indem wir jedesmal das Beispiel der angeführten Autoren heraufbeschwören, so verschiedenartig ihre Arbeiten und Projekte auch sein mögen.

I. Erstes Kriterium: Das Symbolische

Wir sind es gewöhnt, fast darauf programmiert, eine gewisse Unterscheidung oder Korrelation zwischen dem Realen und dem Imaginären herzustellen. Unser ganzes Denken unterhält ein dialektisches Spiel zwischen diesen beiden Begriffen. Selbst wenn die klassische Philosophie vom reinen Verstand oder der reinen Urteilskraft spricht, so geht es auch um ein Vermögen, das durch seine Befähigung definiert ist, das Reale in seinem Innersten, das "in Wahrheit" Reale, das Reale als solches zu erfassen, im Gegensatz - aber auch im Verhältnis zu den Kräften der Imagination. Nennen wir gänzlich verschiedene Schöpferbewegungen: die Romantik, den Symbolismus, den Surrealismus... Bald beruft man sich auf den transzendenten Punkt, an dem sich das Reale und das Imaginäre durchdringen und vereinigen; bald auf ihre scharfe Grenze als die Schneide ihrer Differenz. In jeder Weise bleiben die Opposition und die Komplementarität des Imaginären und des Realen - zumindest in der traditionellen Interpretation der Romantik, des Symbolismus, etc. Selbst der Freudianismus wird aus der Perspektive zweier Prinzipien interpretiert: des Realitätsprinzips mit seiner Enttäuschungskraft und des Lustprinzips mit seinem Vermögen zur halluzinatorischen Befriedigung. Mit um so größerem Recht schreiben sich Methoden wie die Jungs und Bachelards völlig in das Reale und das Imaginäre ein, in den Rahmen ihrer komplexen Beziehungen, der transzendenten Einheit und Vorspannung, Vermischung und Scheidung.

Das erste Kriterium des Strukturalismus ist nun die Entdeckung und Anerkennung einer dritten Ordnung, eines dritten Bereiches: des Symbolischen. Die Ablehnung, das Symbolische mit dem Imaginären sowie mit dem Realen zu vermengen, bildet die erste Dimension des Strukturalismus. Auch dort wieder hat alles mit der Linguistik begonnen: jenseits des Wortes in seiner Realität und mit seinen klanglichen Eigenschaften, jenseits der Bilder und Begriffe, die den Wörtern assoziiert werden, entdeckt der strukturale Linguist ein Element ganz anderer Natur, das strukturale Objekt. Und vielleicht ist es gerade dieses symbolische Element, in dem sich die Romanciers der *Tel-Quel*-Gruppe ansiedeln wollen, um sowohl die Klangrealitäten wie die assoziierten Erzählungen zu erneuern. Jenseits der Geschichte der Menschen und der Ideengeschichte entdeckt Michel Foucault einen tieferen unterirdischen Boden, der Gegenstand dessen ist, was er die Archäologie des Denkens nennt. Hinter den realen Menschen und ihren realen Beziehungen, hinter den Ideologien und ihren imaginären Beziehungen entdeckt Louis Althusser einen tieferen Bereich als Gegenstand von Wissenschaft und Philosophie.

Wir hatten schon viele Väter in der Psychoanalyse: zunächst einen realen Vater, aber auch Vaterbilder. Und all unsere Dramen vollzogen sich in den Beziehungen, die zwischen dem Realen und dem Imaginären ausgespannt sind. Jacques Lacan entdeckt einen dritten, wesentlicheren Vater, den symbolischen Vater oder Namen-des-Vaters. Nicht allein das Reale und das Imaginäre, sondern auch ihre Beziehungen und die Störungen dieser Beziehungen müssen als die Grenze eines Prozesses gedacht werden, in dem sie sich, ausgehend vom Symbolischen, konstituieren. Bei Lacan, auch bei anderen Strukturalisten, steht das Symbolische als Element der Struktur am Beginn einer Genese: die Struktur nimmt in den Realitäten und den Bildern in bestimmbaren Reihen Gestalt an; vielmehr, sie bildet sie, indem sie Gestalt annimmt, doch leitet sich nicht daraus ab, daß sie tiefer ist als sie, die Grundlage für alle Böden des Realen wie für alle Himmel der Imagination. Umgekehrt legen Katastrophen, die der strukturalen symbolischen Ordnung angehören, Rechenschaft ab von offenkundigen Störungen des Realen und des Imaginären: so geschieht es im Falle des *Wolfsmannes*, wie Lacan ihn interpretiert, daß das Thema der Kastration, weil es nicht-symbolisiert bleibt ("Verwerfung"), im Realen, in der halluzinatorischen Form des abgeschnittenen Finger wiederauftaucht.[2]

Wir können das Reale, das Imaginäre und das Symbolische beziffern: 1, 2, 3. Aber vielleicht haben diese Zahlen ebenso einen Kardinal- wie einen Ordinalwert. Denn das Reale ist aus sich heraus nicht von einem gewissen Ideal der Vereinheitlichung oder Totalisierung trennbar: das Reale hat das Bestreben, Eins zu machen, es ist eins in seiner "Wahrheit". Sobald wir zwei in "Einem" sehen, sobald wir verdoppeln, erscheint das Imaginäre persönlich, selbst wenn es sein Wirken im Realen ausübt. Zum Beispiel ist der reale Vater einer oder will es seinem Gesetz nach sein; doch das Bild des Vaters ist immer in sich doppelt, einem Dualgesetz folgend gespalten. Es wird zumindest auf zwei Personen projiziert, von denen die eine die Rolle des Spielvaters, des Clowns-Vaters auf sich nimmt, die andere die des Arbeits- und des Idealvaters: so wie der Prinz von Wales bei Shakespeare, der von einem Vaterbild zum anderen übergeht, von Falstaff zur Krone. Das Imaginäre bestimmt sich durch Spiele umgekehrter Spiegel, Verdoppelungen, Identifikationen und Projektionen, immer nach dem Muster des Doubles.[3] Aber vielleicht ist das Symbolische seinerseits ein dreifaches. Es ist nicht nur das Dritte neben dem Realen und dem

---

2 Siehe J. Lacan: *Schriften III*, Olten 1980, S. 207-212

3 J. Lacan geht zweifellos am weitesten in der originalen *Analyse* der Unterscheidung zwischen Imaginären und Symbolischem. Doch diese Unterscheidung selbst findet sich in verschiedenen Formen bei allen Strukturalisten wieder.

Imaginären. Es ist immer im Symbolischen selbst ein Drittes zu suchen; die Struktur ist zumindest triadisch, ohne dies würde es nicht "zirkulieren" - zugleich irreales und dennoch nicht imaginierbares Drittes.

Wir werden sehen, weshalb; doch das erste Kriterium besteht schon in Folgendem: der Setzung einer symbolischen Ordnung, die nicht auf die Ordnung des Realen, nicht auf die des Imaginären reduzibel ist und tiefer reicht als sie. Wir wissen noch überhaupt nicht, worin dieses symbolische Element besteht. Wir könnten zumindest sagen, daß die entsprechende Struktur nichts zu tun hat mit einer sinnlichen Form, noch mit einer Figur der Imagination, noch mit einem intelligiblen Wesen. Nichts mit einer *Form:* denn die Struktur bestimmt sich keineswegs durch eine Autonomie des Ganzen, durch eine Prägnanz des Ganzen über die Teile, durch eine *Gestalt*, die sich im Realen und in der Wahrnehmung auswirkte; die Struktur bestimmt sich im Gegenteil durch die Natur gewisser atomischer Elemente, welche zugleich von der Bildung des Ganzen und den Abwandlungen ihrer Teile Rechenschaft ablegen wollen. Auch nichts zu tun mit *Figuren* der Imagination, auch wenn der gesamte Strukturalismus von Reflexionen über die Rhetorik, die Metapher und die Metonymie durchdrungen ist; denn diese Figuren selbst implizieren strukturale Verschiebungen, die zugleich vom Eigentlichen und vom Übertragenen Rechenschaft ablegen müssen. Schließlich auch nichts zu tun mit einem *Wesen;* denn es handelt sich um eine Kombinatorik, welche sich auf formale Elemente erstreckt, die aus sich heraus weder Form noch Bedeutung, noch Repräsentation, noch Inhalt, noch gegebene empirische Realität, noch hypothetisches funktionales Modell, noch Intelligibilität hinter den Erscheinungen haben; kein Besserer als Louis Althusser hat den Status der Struktur als identisch mit der "Theorie" selbst bestimmt - und das Symbolische muß als die Produktion des originalen und spezifischen theoretischen Objekts verstanden werden.

Hin und wieder ist der Strukturalismus aggressiv: wenn er das allgemeine Verkennen jener äußersten symbolischen Kategorie, jenseits des Realen und des Imaginären entlarvt. Hin und wieder ist er interpretatorisch: wenn er unsere Interpretation der Werke von jener Kategorie aus erneuert und sich bemüht, einen ursprünglichen Punkt zu entdecken, an dem die Sprache entsteht, die Werke sich herausarbeiten, die Ideen und Tätigkeiten sich verknüpfen. Romantik, Symbolismus, aber auch Freudianismus und Marxismus werden so zum Gegenstand tiefgreifender Neuinterpretationen. Mehr noch: das mythische Werk, das poetische Werk, die praktischen Werke selbst werden der strukturalen Interpretation unterzogen. Doch diese Neuinterpretation ist nur insofern von Wert, als sie neue Werke, die von heute, anregt, als sei das Symbolische eine Quelle, die von lebendiger Interpretation und Schöpfung untrennbar ist.

II. Zweites Kriterium: Das Lokale oder die Stellung

Worin besteht nun das symbolische Element der Struktur? Wir halten es für notwendig, langsam voranzugehen und zunächst zu sagen und nochmals zu sagen, was es nicht ist. Da es vom Realen und vom Imaginären unterschieden ist, kann es sich weder durch präexistente Realitäten, auf die es zurückführte und die es bezeichnete, noch durch imaginäre oder begriffliche Inhalte, die es implizierte und die ihm eine Bedeutung gäben, bestimmen. Die Elemente einer Struktur haben weder äußerliche Bezeichnung noch innere Bedeutung. Was bleibt? Wie Lévi-Strauss nachdrücklich in Erinnerung bringt, haben sie nichts anderes als einen *Sinn:* einen Sinn, der notwendig und einzig aus der "Stellung"[4] hervorgeht. Es handelt sich nicht um einen Platz in einer realen Ausdehnung, noch um Orte in imaginären Bereichen, sondern um Plätze und Orte in einem eigentlich strukturellen, das heißt, topologischen Raum. Was struktural ist, ist der Raum, aber ein unausgedehnter, prä-extensiver Raum, reines *spatium*, das allmählich als Nachbarschaftsordnung herausgebildet wurde, in der der Begriff der Nachbarschaft zunächst genau einen ordinalen Sinn hat und nicht eine Bedeutung in der Ausdehnung. Ebenso in der genetischen Biologie: die Gene sind insofern Teil einer Struktur, als sie untrennbar sind von "loci", Orten, welche die Verhältnisse innerhalb eines Chromosoms ändern können. Kurz, die Orte in einem rein

---

4 Siehe: *Esprit*, November 1963

strukturalen Raum sind im Verhältnis zu den realen Dingen und Lebewesen, welche sie eingenommen haben, vorrangig, vorrangig auch im Verhältnis zu den ein wenig imaginären Rollen und Ereignissen, die notwendig in Erscheinung treten, wenn sie eingenommen sind.

Die wissenschaftliche Ambition des Strukturalismus ist nicht quantitativ, sondern topologisch und relational: Lévi-Strauss setzt beständig dieses Prinzip. Und wenn Althusser von der ökonomischen Struktur spricht, so präzisiert er, daß die wahren "Subjekte" darin nicht jene sind, welche die Plätze eingenommen haben, konkrete Individuen oder reale Menschen, ebensowenig wie darin die wahren Objekte die Rollen sind, die sie innehaben, und die Ereignisse, die geschehen, sondern zunächst die Plätze in einem topologischen und strukturalen Raum, der durch die Produktionsverhältnisse bestimmt wird.[5] Wenn Foucault Bestimmungen wie den Tod, das Begehren, die Arbeit, das Spiel definiert, so betrachtet er sie nicht als Dimensionen der empirischen menschlichen Existenz, sondern zunächst als die Qualifikation von Orten oder Stellungen, die jene zu Sterblichen und Sterbenden oder Begehrenden oder Arbeitern oder Spielern machen, welche sie eingenommen haben, sie jedoch nur sekundär eingenommen haben, da sie ihre Rollen gemäß einer Ordnung der Nähe innehaben, welche die der Struktur selbst ist. Deswegen auch kann Foucault eine neue Einteilung des

---

5 Louis Althusser und Etienne Balibar: *Das Kapital lesen*. Übs. v. Klaus-Dieter Thieme, Reinbek 1972, Bd. II, S. 242 (d.Ü.)

Empirischen und des Transzendentalen vorschlagen, da dies letztere durch eine Ordnung von Orten definiert wird, unabhängig von jenen, die sie empirisch einnehmen.[6] Der Strukturalismus ist nicht von einer neuen Transzendentalphilosophie zu trennen, in der die Orte wichtiger sind, als das, was sie ausfüllt. Vater, Mutter etc. sind zunächst Orte in einer Struktur; und wenn wir sterblich sind, so weil wir uns in der Reihe anstellen, weil wir zu jenem Ort kommen, der in der Struktur jener topologischen Ordnung der Nachbarschaft gemäß gekennzeichnet ist (selbst wenn wir auf unserem Weg voraneilen).

"Nicht allein das Subjekt, sondern die Subjekte, in ihrer Intersubjektivität begriffen, reihen sich dem Zug ein [...] und die [...] noch ihr Wesen dem Moment der signifikanten Kette, das sie durchläuft, nachbilden [...] die Verschiebung des Singifikanten [bestimmt] die Subjekte in ihren Handlungen, in ihrem Geschick, in ihren Weigerungen, in ihren Verblendungen, in ihrem Erfolg und ihrem Schicksal ungeachtet ihrer angeborenen Anlagen und ihrer sozialen Erwerbungen, ohne Rücksicht auf den Charakter und das Geschlecht".[7] Man kann kaum besser sagen, daß sich die empirische Psychologie nicht allein auf eine transzendentale Topologie gründet, sondern sich

---

6 Michel Foucault: *Die Ordnung der Dinge*. Übs. v. Ulrich Köppen, Frankfurt 1971, S. 384 ff. (d.Ü.)

7 Jacques Lacan: *Schriften I*. Ausgew. u. hrsg. v. Norbert Haas, übs. v. Rodolphe Gasché, Norbert Haas, Klaus Laermann, Peter Stehlin unter Mitwirkung v. Chantal Creusot, Olten 1973, S. 29 (d.Ü.)

auch von ihr bestimmt sieht.

Aus diesem lokalen oder Stellungskriterium gehen mehrere Konsequenzen hervor. Wenn zunächst die symbolischen Elemente weder äußerliche Bezeichnung noch innere Bedeutung haben, sondern einen Sinn, der aus der Stellung hervorgeht, so muß man als Prinzip setzen, daß *der Sinn immer aus der Kombination von Elementen resultiert, die selbst nicht bezeichnend sind*.[8] Wie Lévi-Strauss in seiner Diskussion mit Paul Ricoeur sagte, ist der Sinn immer ein Resultat, eine Wirkung: nicht allein eine Auswirkung als Produkt, sondern eine Auswirkung der Optik, eine Auswirkung der Sprache, eine Auswirkung der Stellung. Es gibt zuinnerst einen Un-Sinn des Sinnes, aus dem der Sinn selbst resultiert. Man kehrt damit keineswegs zu dem zurück, was Philosophie des Absurden genannt wurde. Denn für die Philosophie ist das Fehlen des Sinnes wesentlich. Für den Strukturalismus dagegen gibt es immer zuviel Sinn, eine Überproduktion, eine Überdetermination des Sinnes, der immer im Übermaß durch die Kombination von Orten in der Struktur hervorgebracht wird. (Von daher auch die Bedeutung des Begriffs der *Überdetermination* bei Althusser zum Beispiel.) Der Un-Sinn ist keinesfalls das Absurde oder der Gegensatz des Sinnes, sondern das, was ihn, in der Struktur zirkulierend, zur Geltung bringt und erzeugt. Der Strukturalismus verdankt Albert Camus nichts, Lewis Carroll jedoch viel.

Die zweite Konsequenz ist die Neigung des Struktura-

---

8 Siehe: C. Lévi-Strauss, in *Esprit*, November 1963

lismus für gewisse Spiele und ein gewisses Theater, für gewisse Räume des Spiels und des Theaters. Nicht zufällig bezieht sich Lévi-Strauss häufig auf die Spieltheorie und verleiht den Spielkarten derart viel Bedeutung. Und Lacan den Spielmetaphern, die mehr sind als Metaphern: nicht allein das Ringlein, das in der Struktur wandert, sondern der Platz des Toten[9], der im Bridge zirkuliert. Die nobelsten Spiele wie Schach bilden eine Kombinatorik von Orten in einem reinen *Spatium*, das unendlich viel tiefer ist als das reale Ausmaß des Schachbretts und die imaginäre Ausdehnung jeder Figur. Oder Althusser unterbricht seinen Marxkommentar, um über das Theater zu sprechen, aber über ein Theater, das weder Realitäts- noch Ideentheater ist, sondern reines Theater der Orte und der Positionen, dessen Prinzip er bei Brecht erblickt und das heute vielleicht seinen ausgeprägtesten Ausdruck bei Armand Gatti fände. Kurz, das Manifest des Strukturalismus selbst muß in jener berühmten, überaus poetischen und theatralischen Formel gesucht werden: Denken heißt Würfel ausspielen.

Die dritte Konsequenz besteht darin, daß der Strukturalismus von einem neuen Materialismus, einem neuen Atheismus, einem neuen Antihumanismus nicht zu trennen ist. Denn wenn der Platz den Vorrang hat vor dem, der ihn einnimmt, so genügt es gewiß nicht, den Menschen an den Platz Gottes zu stellen, um die Struktur zu

---

9 Im Französischen trägt im Bridge der Strohmann die Bezeichnung: Le mort, der Tote (A.d.Ü.)

ändern. Und wenn dieser Platz der Platz des Toten [10] ist, so bedeutet der Tod Gottes ebenso den des Menschen, zugunsten, wie wir hoffen, eines Kommenden, das jedoch nur in der Struktur und durch ihre Umwandlung kommen kann. So erscheint der imaginäre Charakter des Menschen (Foucault) oder der ideologische Charakter des Humanismus (Althusser).

III. Drittes Kriterium: Das Differentielle und das Besondere

Worin bestehen nun diese symbolischen Elemente oder Positionseinheiten? Kehren wir zum linguistischen Modell zurück. Was sich zugleich von den klanglichen Teilen und den damit verbundenen Bildern und Begriffen unterscheidet, wird Phonem genannt. Das Phonem ist die kleinste linguistische Einheit, die in der Lage ist, zwei Wörter von verschiedener Bedeutung zu unterscheiden: zum Beispiel *B*ein und *P*ein. Es ist klar, daß das Phonem die Gestalt von Buchstaben, Silben und Klängen annimmt, sich jedoch nicht darauf reduziert. Mehr noch, die Buchstaben, die Silben und die Klänge verleihen ihm eine Unabhängigkeit, während es an sich selbst untrennbar ist von dem phonematischen Verhältnis, das es mit anderen Phonemen vereinigt: $\frac{P}{B}$. Die Phoneme existieren nicht unabhän-

10 Siehe Anm. 9

gig von Relationen, in die sie eintreten und durch die sie sich gegenseitig bestimmen.

Wir können drei Typen von Relationen unterscheiden. Ein erster Typ stellt sich her zwischen den Elementen, die unabhängig oder autonom sind: zum Beispiel $3 + 2$ oder selbst $\frac{2}{3}$. Die Elemente sind real, und diese Relationen müssen selbst als real bezeichnet werden. Ein zweiter Typ von Relationen, zum Beispiel $x^2 + y^2 - R^2 = 0$, stellt sich her zwischen Gliedern, deren Wert nicht spezifiziert ist, die jedoch *in jedem Fall* einen bestimmten Wert haben müssen. Solche Relationen können imaginär genannt werde. Der dritte Typ aber stellt sich her zwischen Elementen, die selbst keinerlei bestimmten Wert haben, und die sich indessen gegenseitig in der Relation bestimmen: so zum Beispiel $ydy + xdx = 0$ oder $\frac{dy}{dx} = -\frac{x}{y}$. Solche Relationen sind symbolisch, und die entsprechenden Elemente stehen in einem differentiellen Verhältnis. *dy* ist völlig unbestimmt im Verhältnis zu *y*, *dx* ist völlig unbestimmt im Verhältnis zu *x*: ein jedes hat weder Existenz, noch Wert, noch Bedeutung. Und dennoch ist das Verhältnis $\frac{dy}{dx}$ völlig bestimmt, die beiden Elemente bestimmen sich gegenseitig im Verhältnis. Dieser Prozeß einer gegenseitigen Bestimmung innerhalb des Verhältnisses ist es, der es ermöglicht, die symbolische Natur zu definieren. Es kommt vor, daß der Ursprung des Strukturalismus in der Axiomatik gesucht wird. Tatsächlich gebraucht Bourbaki zum Beispiel das Wort Struktur. Doch, wie uns scheint, in einem Sinne, der sich weit vom Strukturalismus unterscheidet. Denn es handelt sich um Relationen zwischen Elementen, die selbst qualitativ nicht spezifiziert sind, und nicht um Elemente, die sich in Relationen gegenseitig spezifizieren. Die Axiomatik wäre in diesem Sinne noch imaginär, nicht im eigentlichen Sinne symbolisch. Der mathematische Ursprung des Strukturalismus muß vielmehr auf der Seite der Differentialrechnung gesucht werden und gerade in ihrer Interpretation durch Weierstrass und Russell, eine *statische und ordinale* Interpretation, welche die Differentialrechnung endgültig von jeder Bezugnahme auf das unendlich Kleine befreit und sie in eine reine Logik der Relationen integriert.

Den Bestimmungen der Differentialverhältnisse entsprechen Besonderheiten, Verteilungen besonderer Punkte, welche die Kurven oder die Figuren charakterisieren (ein Dreieck zum Beispiel hat drei besondere Punkte). So bestimmt die Determination der phonematischen Verhältnisse, die einer gegebenen Sprache eigen sind, die Besonderheiten, im Umkreis derer sich die Klangqualitäten und Bedeutungen einer Sprache konstituieren. *Die gegenseitige Bestimmung* der symbolischen Elemente setzt sich von daher in *der vollständigen Bestimmung* der besonderen Punkte fort, die einen Raum konstituieren, der diesen Elementen entspricht. Der entscheidende Begriff der Besonderheit, wörtlich genommen, scheint all den Bereichen anzugehören, in denen es Struktur gibt. Die allgemeine

Formulierung "Denken heißt Würfel ausspielen" führt selbst auf die Besonderheiten zurück, die von den glänzenden Punkten auf den Würfeln repräsentiert werden. Jede Struktur präsentiert die folgenden beiden Aspekte: ein System differentieller Verhältnisse, nach denen sich die symbolischen Elemente gegenseitig bestimmen, ein System von Besonderheiten, welche diesen Verhältnissen entsprechen und den Raum der Struktur zeichnen. Jede Struktur ist eine Vielzahl. Die Frage: gibt es Struktur in jedem beliebigen Bereich? muß also folgendermaßen präzisiert werden: kann man in diesem oder jenem Bereich symbolische Elemente, differentielle Verhältnisse und besondere Punkte, die ihm eigen sind, freilegen? Die symbolischen Elemente nehmen in den realen Wesen und Gegenständen des betrachteten Bereiches Gestalt an; die differentiellen Verhältnisse aktualisieren sich in den realen Beziehungen zwischen diesen Wesen; die Besonderheiten sind ebenso viele Orte in der Struktur, welche die imaginären Rollen oder Einstellungen der Wesen oder Gegenstände, die sie eingenommen haben, einteilen.

Es handelt sich nicht um mathematische Metaphern. In jedem Bereich muß man die Elemente, die Verhältnisse und die Punkte finden. Als Lévi-Strauss die elementaren Verwandtschaftsstrukturen untersuchte, zog er nicht allein die realen Väter in einer Gesellschaft, noch die Vaterbilder, die in den Mythen dieser Gesellschaft gebräuchlich sind, in Erwägung. Er ist bestrebt, wahre Verwandtschaftsphoneme, das heißt, *Parenteme*, Positionseinheiten zu entdecken, die nicht unabhängig von den differentiellen Verhältnissen existieren, welche sie eingehen und in denen sie sich gegenseitig bestimmen. So bilden zum Beispiel die vier Verhältnisse $\frac{\text{Bruder}}{\text{Schwester}}$, $\frac{\text{Ehemann}}{\text{Ehefrau}}$, $\frac{\text{Vater}}{\text{Sohn}}$, $\frac{\text{Onkel mütterlicherseits}}{\text{Sohn der Schwester}}$ die einfachste Struktur. Und dieser Kombinatorik der "Verwandtschaftsbezeichnungen" entsprechen, jedoch ohne Ähnlichkeit und auf eine komplexere Weise, "Einstellungen zwischen Verwandten", welche die bestimmten Besonderheiten im System verwirklichen. Man kann ebensogut umgekehrt vorgehen: von den Besonderheiten ausgehen, um die differentiellen Verhältnisse zwischen letzten symbolischen Elementen zu bestimmen. So geht Lévi-Strauss, als er das Beispiel des Ödipus-Mythos nimmt, von den Besonderheiten der Erzählung aus (Ödipus heiratet seine Mutter, tötet seinen Vater, treibt die Sphinx in den Tod, heißt Schwellfuß etc.), um daraus auf die differentiellen Verhältnisse zwischen "Mythemen" zu schließen, die sich gegenseitig bestimmen (überbewertete Verwandtschaftsverhältnisse, unterbewertete Verwandtschaftsverhältnisse, Negation der Autochthonie, Beständigkeit der Autochthonie).[11] Immer bestimmen in jedem Falle die symbolischen Elemente und ihre Verhältnisse die Natur der Wesen und Gegenstände, welche sie verwirklichen, während die Besonderheiten eine Ordnung von Orten bilden, die zugleich die Rollen und Einstellungen dieser Wesen bestimmt, insofern sie

---

11 Claude Lévi-Strauss: *Strukturale Anthropologie*. Übs. v. Hans Naumann, Frankfurt 1967, S. 236 ff. (d.Ü.)

sie einnehmen. Die Bestimmung der Struktur vollzieht sich also in einer Theorie der Einstellungen, die deren Funktionieren ausdrückt.

Die Besonderheiten korrespondieren mit den symbolischen Elementen und ihren Verhältnissen, aber sie ähneln ihnen nicht. Man könnte vielmehr sagen, sie "symbolisieren" mit ihnen. Sie leiten sich daraus ab, da jede Bestimmung differentieller Verhältnisse eine Verteilung besonderer Punkte nach sich zieht. Doch zum Beispiel: nehmen die Werte differentieller Verhältnisse in Arten Gestalt an, während die Besonderheiten in organischen Teilen Gestalt annehmen, die jeder Art entsprechen. Die einen bilden die Variablen, die anderen die Funktionen. Die einen bilden in einer Struktur den Bereich der *Benennungen*, die anderen den der *Einstellungen*. Lévi-Strauss beharrte auf dem doppelten Aspekt der Derivation und dennoch Irreduzibilität der Einstellungen im Verhältnis zu den Benennungen.[12] Ein Lacanschüler, Serge Leclaire, zeigt auf einem anderen Gebiet, wie die symbolischen Elemente des Unbewußten auf "libidinöse Bewegungen" des Körpers zurückführen, in welchen die Besonderheiten der Struktur an diesem oder jenem Ort Gestalt annehmen.[13] Jede Struktur in diesem Sinne ist psychosomatisch, oder repräsentiert vielmehr einen Komplex Kategorie-Einstellung.

---

12 C. Lévi-Strauss: *Strukturale Anthropologie*, a.a.O., S. 339 ff. (d.Ü.)

13 S. Leclaire: "Compter avec la psychanalyse", in: *Cahiers pour l'analyse*, N. 8

Betrachten wir die Interpretation des Marxismus durch Althusser und seine Mitarbeiter: vor allem werden dort die Produktionsverhältnisse als differentielle Verhältnisse bestimmt, die sich nicht etwa zwischen den realen Menschen oder den konkreten Individuen herstellen, sondern zwischen den Objekten und Agenten, die zunächst einen symbolischen Wert haben (Gegenstand der Produktion, Produktionsinstrument, Arbeitskraft, unmittelbare Produzenten, Besitzer der Produktionsmittel, so wie sie in den Besitz- und Appropriationsverhältnissen stehen).[14] Jede Produktionsweise wird also von Besonderheiten charakterisiert, die den Werten der Verhältnisse entsprechen. Und wenn es evident ist, daß konkrete Menschen die Plätze eingenommen haben und die Elemente der Struktur ausführen, so tun sie das, indem sie die Rolle einhalten, die der strukturale Ort ihnen zuweist (zum Beispiel den "Kapitalisten") und den strukturalen Verhältnissen als Träger dienen: "die wahren 'Subjekte' sind daher weder diese Stelleninhaber noch die Funktionäre [...], [sondern] die Bestimmung und Verteilung dieser Stellen und Funktionen"[15]. Das wahre Subjekt ist die Struktur selbst: das Differentielle und das Besondere, die differentiellen Verhältnisse und die besonderen Punkte, die gegenseitige Bestimmung und die vollständige Bestimmung.

---

14 L. Althusser: *Das Kapital lesen*, a.a.O., S. 236-42 (Siehe auch Balibar, a.a.O., S. 300 ff.) (d.Ü.)

15 L. Althusser: *Das Kapital lesen*, a.a.O., S. 242 (A.d.Ü.)

IV. Viertes Kriterium: Das Differenzierende, die Differenzierung

Die Strukturen sind, auf Grund von Elementen, Verhältnissen und Punkten, welche sie zusammensetzen, notwendig unbewußt. Jede Struktur ist eine Infrastruktur, eine Mikrostruktur. Auf eine gewisse Weise sind sie nicht gegenwärtig. Gegenwärtigkeit ist das, worin die Struktur sich verkörpert, oder vielmehr das, was sie konstituiert, indem sie sich verkörpert. Doch durch sich selbst ist sie weder gegenwärtig noch fiktiv, weder real noch möglich. Jakobson stellt das Problem des Status des Phonems: dieses geht nicht in eins mit aktuellen Buchstaben, Silben oder Klängen und ist auch keine Fiktion, kein assoziiertes Bild.[16] Vielleicht bezeichnet das Wort Virtualität genau den Modus der Struktur oder den Gegenstand der Theorie. Unter der Bedingung, daß es ihr alles Vage nimmt; denn das Virtuelle hat eine Realität, die ihm eigen ist, die jedoch mit keiner gegenwärtigen Realität, mit keiner gegenwärtigen oder vergangenen Aktualität in eins geht; es hat eine Idealität, die ihm eigen ist, die jedoch mit keinem möglichen Bild, mit keiner abstrakten Idee in eins geht. Von der Struktur wird man sagen: *real ohne aktuell zu sein, ideal ohne abstrakt zu sein*. Deswegen stellt Lévi-Strauss die Struktur häufig als eine Art von idealem Reservoir oder Repertoire dar, worin alles virtuell nebenein-

16 Roman Jakobson: *Essais de linguistique générale*. Paris 1963, Kap. VI

ander existiert, aber worin die Aktualisierung sich notwendig nach ausschließenden Richtungen vollzieht, wobei immer partielle Kombinationen und unbewußte Auswahl impliziert sind. Die Struktur eines Bereiches freizulegen, heißt, eine ganze Virtualität der Koexistenz zu bestimmen, die vor den Wesen, den Gegenständen und den Werken dieses Gebietes existiert. Jede Struktur ist eine Vielzahl von virtueller Koexistenz. L. Althusser zum Beispiel zeigt in diesem Sinne, daß die Originalität von Marx (sein Antihegelianismus) in der Weise beruht, auf die das Gesellschaftssystem durch eine Koexistenz von Elementen und ökonomischen Verhältnissen definiert wird, ohne daß man sie nacheinander nach der Illusion einer falschen Dialektik erzeugen könne.[17]

Was besteht in der Struktur nebeneinander? Alle Elemente, Verhältnisse und Verhältniswerte, alle Besonderheiten, die dem betrachteten Bereich eigen sind. Eine solche Koexistenz impliziert keinerlei Konfusion, keinerlei Unbestimmtheit: es sind differentielle Verhältnisse und Elemente, die in einem vollkommen und vollständig bestimmten Ganzen nebeneinander bestehen. Im übrigen aktualisiert sich dieses Ganze nicht als solches. Was sich jetzt und hier aktualisiert, sind diese bestimmten Verhältnisse, Verhältniswerte, diese bestimmte Verteilung von Besonderheiten; andere aktualisieren sich an anderer Stelle oder in anderen Zeiten. Es gibt keine totale Sprache, die alle möglichen Phoneme und phonematischen

---

17 Siehe L. Althusser: *Das Kapital lesen*, a.a.O., Bd. I, S. 166 ff. (d.Ü.)

Verhältnisse verkörpert; aber die virtuelle Totalität der Sprache aktualisiert sich nach exklusiven Richtungen in den verschiedenen Sprachen, deren jede gewisse Verhältnisse, gewisse Verhältniswerte und gewisse Besonderheiten verkörpert. Es gibt keine totale Gesellschaft, sondern jede Gesellschaftsform verkörpert gewisse Elemente, Produktionsverhältnisse und -werte (zum Beispiel den "Kapitalismus"). Wir müssen also die totale Struktur eines Bereiches als Gesamtheit virtueller Koexistenz und die Unterstrukturen, die den verschiedenen Aktualisierungen auf dem Bereich entsprechen, voneinander unterscheiden. Von der Struktur als Virtualität müssen wir sagen, daß sie noch undifferenziert ist, obwohl sie ganz und gar differen*ts*iert ist. Von den Strukturen, die sich in dieser oder jener (gegenwärtigen oder vergangenen) aktuellen Form verkörpern, müssen wir sagen, daß sie sich differenzieren und daß Aktualisierung für sie genau Differenzierung ist. Die Struktur ist untrennbar von diesem doppelten Aspekt, oder von diesem Komplex, den man als Differen$\frac{ts}{z}$-ierung bezeichnen kann, wo $\frac{ts}{z}$- das universell bestimmte phonematische Verhältnis konstituiert.

Jede Differenzierung, jede Aktualisierung vollzieht sich auf folgenden beiden Wegen: Arten und Teile. Die differentiellen Verhältnisse verkörpern sich in qualitativ verschiedenen Arten, während sich die entsprechenden Besonderheiten in den ausgedehnten Teilen und Figuren verkörpern, die jede Art charakterisieren. Genauso verhält es sich mit den Spracharten und den Teilen einer jeden, im Umkreis der Besonderheiten der linguistischen Struktur; mit den spezifisch definierten gesellschaftlichen Produktionsweisen und den organisierten Teilen, die einer jeden dieser Produktionsweisen entsprechen, etc. Es wird deutlich, daß der Aktualisierungsprozeß immer eine innere Zeitlichkeit impliziert, die je nachdem, was sich aktualisiert, veränderbar ist. Nicht allein jeder Typ gesellschaftlicher Produktion hat eine umfassende innere Zeitlichkeit, sondern seine organisierten Teile haben auch besondere Rhythmen. Die Position des Strukturalismus der Zeit gegenüber ist also sehr klar: die Zeit ist für ihn immer eine Aktualisierungszeit, nach der sich in verschiedenen Rhythmen die Elemente virtueller Koexistenz verwirklichen. Die Zeit geht vom Virtuellen zum Aktuellen, das heißt, von der Struktur zu ihren Aktualisierungen und nicht von einer aktuellen Form zu einer anderen. Oder zumindest begnügt sich die Zeit, die als Sukzessionsrelation zweier aktueller Formen aufgefaßte Zeit, damit, abstrakt die inneren Zeiten der Struktur oder der Strukturen, die sich in der Tiefe in diesen beiden Formen verwirklichen, und die differentiellen Verhältnisse zwischen diesen Zeiten abstrakt auszudrücken. Und eben weil die Struktur sich nicht aktualisiert, ohne sich im Raum und in der Zeit zu differenzieren, ohne von daher selbst Arten und Teile zu differenzieren, die sie verwirklichen, müssen wir also sagen, daß die Struktur diese Arten und diese Teile selbst *produziert*. Sie produziert sie als differenzierte Arten und Teile. So daß man das Genetische dem Strukturellen ebensowenig entgegensetzen kann, wie die Zeit der Struktur. Die Genese geht, wie die Zeit, vom Virtuellen zum Aktuellen, von der Struktur zu ihrer Aktualisierung; die beiden Begriffe der vielzähligen inneren Zeitlichkeit und der statischen ordinalen Genese sind in diesem Sinne untrennbar vom Spiel der Strukturen.[18]

Diese differenzierende Rolle muß nachdrücklich betont werden. Die Struktur ist aus sich heraus ein System differen*ts*ieller Elemente und Verhältnisse; aber sie differenziert auch ebenso die Arten und die Teile, die Wesen und die Funktionen, in denen sie sich aktualisiert. Sie ist an sich differentiell und differenzierend in ihrer Wirkung. Jean Pouillon, der Lévi-Strauss kommentierte, definierte das Problem des Strukturalismus: Kann man "ein System von Differenzen [entwickeln], das weder zu ihrer einfachen Nebeneinanderstellung noch zu ihrer künstlichen Beseitigung führt"[19]? In diesem Hinblick ist das Werk Georges Dumézils unter dem Gesichtspunkt des Strukturalismus selbst vorbildhaft: keiner hat besser die generischen und

18 Das Buch von Jules Vuillemin, *Philosophie de l'algèbre*, Paris 1962, schlägt eine Bestimmung der mathematischen Strukturen vor. Er besteht in dieser Hinsicht auf der Bedeutung einer Theorie der Probleme (dem Mathematiker Abel zufolge) und der Bestimmungsprinzipien (gegenseitige, vollständige und progressive Bestimmung nach Galois). Er zeigt, wie die Strukturen in diesem Hinblick allein die Mittel bieten, um die Bestrebungen einer wirklichen genetischen Methode zu realisieren.

19 Siehe *Les Temps modernes*, Juli 1956 (Übersetzt nach dem französischen Text, d.Ü.)

spezifischen Differenzen zwischen Religionen und ebenso die Differenzen der Teile und Funktionen zwischen Göttern ein und derselben Religion analysiert. Weil nämlich die Götter einer Religion, zum Beispiel Jupiter, Mars, Quirinus, differentielle Elemente und Verhältnisse verkörpern, während sie zur gleichen Zeit ihre Einstellungen und Funktionen im Umkreis der Besonderheiten des betrachteten Gesellschaftssystems oder der "Teile der Gesellschaft" finden: sie sind also wesentlich differenziert durch die Struktur, die sich in ihnen aktualisiert oder in ihnen zur Geltung kommt, und die sie produziert, indem sie sich aktualisiert. Tatsächlich zieht ein jeder von ihnen, allein in seiner Aktualität betrachtet, die Funktion des anderen nach sich und reflektiert sie, so daß man Gefahr läuft, von dieser ursprünglichen Differenzierung, die sie vom Virtuellen zum Aktuellen produziert, nichts mehr wiederzufinden. Aber genau hier verläuft die Grenze zwischen dem Imaginären und dem Symbolischen: das Imaginäre tendiert dahin, die totale Auswirkung eines Gesamtmechanismus zu reflektieren und auf jedem Terminus zu gruppieren, während die symbolische Struktur die Differen*ts*ierung der Termini und die Differenzierung der Auswirkungen sichert. Daher rührt die Feindseligkeit des Strukturalismus den Methoden des Imaginären gegenüber: die Kritik Jungs durch Lacan, die Kritik Bachelards durch die "nouvelle critique". Die Imagination verdoppelt und reflektiert, sie projiziert und identifiziert, verliert sich in Spiegelspielen, aber die Unterscheidungen, die sie macht, wie die Assimilationen, die sie vollzieht, sind Oberflächenauswirkungen, die

die sonst subtilen differentiellen Mechanismen eines symbolischen Denkens verbergen. Edmond Ortigues sagte, als er Dumézil kommentierte, sehr treffend: "Wenn man sich der materiellen Imagination nähert, so verringert sich die differentielle Funktion, man strebt Äquivalenzen an; wenn man sich den formatorischen Elementen der Gesellschaft nähert, nimmt die differentielle Funktion zu, man strebt distinktive Valenzen an."[20]

Die Strukturen sind unbewußt, da sie notwendig von ihren Produkten oder Auswirkungen verdeckt werden. Eine ökonomische Struktur existiert niemals rein, sondern verdeckt von den rechtlichen, politischen, ideologischen Beziehungen, in denen sie sich verkörpert. Man kann die Strukturen nur von jenen Auswirkungen aus *lesen*, finden, wiederfinden. Die Glieder und die Relationen, welche sie aktualisieren, die Arten und die Teile, welche sie realisieren, sind ebensowohl Störungen wie Ausdrücke. Deswegen bildet ein Schüler Lacans, J.A. Miller, den Begriff einer "metonymischen Kausalität", oder Althusser den einer eigentlich strukturalen Kausalität, um von der sehr eigentümlichen Gegenwart einer Struktur in ihren Wirkungen und von der Art, wie sie diese Wirkungen differenziert, während diese sie zugleich assimilieren und inte-

---

20 E. Ortigues: *Le Discours et le symbole*, Paris 1962, S. 197 (Übersetzt nach dem französischen Text, d.Ü.). - Ortigues kennzeichnet ebenso die zweite Differenz zwischen dem Imaginären und dem Symbolischen: den "dualen" oder "schimmernd-blättrigen" Charakter der Imagination, im Gegensatz zum Dritten, zum dritten Glied, das dem symbolischen System angehört.

grieren, Rechenschaft abzulegen.[21] Das Unbewußte der Struktur ist ein differentielles Unbewußtes. Man konnte also glauben, daß der Strukturalismus zu einer vorfreudianischen Auffassung zurückkehrt: faßte Freud nicht das Unbewußte als eine Art Konflikt der Kräfte oder Gegensatz der Wünsche auf, während die leibnizsche Metaphysik schon die Vorstellung eines differentiellen Unbewußten der kleinen Wahrnehmungen darlegte? Doch bei Freud selbst gibt es ein umfangreiches Problem des Ursprungs des Unbewußten, seiner Konstitution als "Sprache", das über die Ebene des Wunsches, der assoziierten Bilder und der Oppositionsverhältnisse hinausgeht. Umgekehrt besteht das differentielle Unbewußte nicht aus kleinen Wahrnehmungen des Realen und aus Grenzübergängen, sondern eben aus Variationen differentieller Verhältnisse in einem symbolischen System im Dienste von Verteilungen von Besonderheiten. Lévi-Strauss hat recht, wenn er sagt, daß das Unbewußte weder von Wünschen noch von Repräsentation herrührt, daß es "immer leer" ist und einzig in den strukturalen Gesetzen besteht, die es den Repräsentationen wie den Wünschen aufnötigt.[22]

So ist das Unbewußte immer ein Problem. Nicht etwa in dem Sinne, daß seine Existenz zweifelhaft sei. Sondern es schafft selbst die Probleme und die Fragen, die sich allein insofern lösen, als die entsprechende Struktur zustande kommt, und die sich immer in der Weise lösen, in der

---

21 L. Althusser: *Das Kapital lesen*, a.a.O., Bd. II, S. 251 ff. (d.Ü.)

22 C. Lévi-Strauss: *Strukturale Anthropologie*, a.a.O., S. 223 (d.Ü.)

sie zustande kommt. Denn ein Problem hat immer die Lösung, die es nach der Art, in der es gestellt ist, und dem symbolischen Feld, über das man verfügt, um es zu stellen, verdient. Althusser kann die ökonomische Struktur einer Gesellschaft als das Feld von Problemen darstellen, die sie sich stellt, die sie sich stellen muß, und die sie ihren eigenen Mitteln gemäß löst, das heißt, gemäß den Differenzierungslinien, nach denen sich die Struktur aktualisiert. Einschließlich der Absurditäten, Schändlichkeiten und Grausamkeiten, welche diese "Lösungen" auf Grund der Struktur nach sich ziehen. Ebenso kann Serge Leclaire in der Folge von Lacan die Psychosen und die Neurosen untereinander weniger durch die Konflikttypen unterscheiden als durch die Arten von Fragen, die immer die Antwort finden, die sie im Dienste des symbolischen Feldes, auf dem sie sich stellen, verdienen: so ist die hysterische Frage nicht die des Zwangskranken.[23] In all dem bezeichnen Probleme und Fragen nicht ein vorläufiges und subjektives Moment in der Entwicklung unseres Wissens, sondern im Gegenteil eine vollkommen objektive Kategorie, gänzliche "Objektivitäten", die der Struktur. Das strukturale Unbewußte ist zugleich differentiell, problematisierend, fragend. Es ist schließlich, wie wir sehen werden, seriell.

---

23 S. Leclaire: "La mort dans la vie de l'obsédé", in: *La Psychanalyse*, N. 2, 1956

V. Fünftes Kriterium: Das Serielle

All das scheint indessen noch funktionsunfähig. Weil wir nämlich nur eine Hälfte der Struktur haben definieren können. Eine Struktur beginnt nur sich zu regen, sich zu beleben, wenn wir ihr ihre andere Hälfte zurückerstatten. Denn die symbolischen Elemente, die wir zuvor definiert haben, organisieren sich, in ihren differentiellen Verhältnissen, notwendig serienweise. Doch als solche beziehen sie sich auf eine andere Serie, die von anderen symbolischen Elementen und anderen Verhältnissen konstituiert wird: dieser Bezug auf eine zweite Serie erklärt sich leicht, wenn man sich daran erinnert, daß sich die Besonderheiten von Gliedern und Verhältnissen der ersten ableiten, sich jedoch nicht damit begnügen, sie zu reproduzieren oder zu reflektieren. Sie organisieren sich also selbst zu einer zweiten Serie, die zu einer autonomen Entwicklung fähig ist, oder sie beziehen zumindest die erste auf eine solche andere Serie, so die Phoneme und die Morpheme. Oder auch die ökonomische Serie und andere gesellschaftliche Serien. Oder auch die dreifache, linguistische, ökonomische und biologische Serie Foucaults, etc. Die Frage, ob die erste Serie eine Basis bildet und in welchem Sinne, ob sie bezeichnend ist, während die anderen einzig bezeichnet sind, ist eine komplexe Frage, deren Natur wir noch nicht präzisieren können. Man muß einzig feststellen, daß jede Struktur seriell ist, multi-seriell, und ohne diese Bedingung nicht funktionieren würde.

Als Lévi-Strauss die Untersuchung des Totemismus

wieder aufnahm, zeigte er, wieso das Phänomen falsch verstanden wird, solange man es in Begriffen der Imagination interpretiert. Denn *die Imagination* begreift, ihrem Gesetz nach, den Totemismus notwendig als die Operation, durch die sich ein Mensch oder eine Gruppe mit einem Tier identifiziert. Doch *symbolisch* handelt es sich um etwas ganz anderes: nicht um die imaginäre Identifikation eines Gliedes mit einem anderen, sondern um die strukturelle Homologie zweier Serien von Gliedern. Zum einen eine Serie von Tierarten, die als Elemente differentieller Verhältnisse erfaßt werden, zum anderen eine Serie gesellschaftlicher Positionen, die selbst ihren eigenen Verhältnissen entsprechend symbolisch aufgefaßt werden: die Konfrontation vollzieht sich "zwischen diesen beiden Systemen von Unterschieden", diesen beiden Serien von Elementen und Verhältnissen.[24]

Das Unbewußte ist Lacan zufolge weder individuell noch kollektiv, sondern intersubjektiv. Das heißt, es impliziert eine Entwicklung in Serien: nicht allein das *signifiant* und das *signifié*, sondern zumindest die beiden Serien organisieren sich auf sehr variable Weise gemäß dem betrachteten Bereich. Einer der berühmtesten Texte Lacans kommentiert *The purloined Letter* von Edgar A. Poe, indem er zeigt, wie die "Struktur" zwei Serien in Szene setzt, deren Plätze von wechselnden Personen besetzt sind: dem König, der den Brief nicht sieht - der Königin,

---

24 C. Lévi-Strauss: *Das Ende des Totemismus*. Übs. v. Hans Naumann, Frankfurt 1968, S. 102 (d.Ü.)

die sich darüber freut, ihn um so besser verborgen zu haben, als sie ihn auffällig hat liegenlassen - dem Minister, der alles sieht und den Brief nimmt (erste Serie); der Polizei, die bei dem Minister nichts findet; dem Minister, der sich freut, den Brief um so besser verborgen zu haben, als er ihn auffällig hat liegenlassen - Dupin, der alles sieht und den Brief zurücknimmt (zweite Serie).[25] Schon in einem vorangehenden Text kommentierte Lacan den Fall des *Rattenmannes* auf der Basis einer doppelten, einer väterlichen und einer kindlichen Serie, deren jede vier Glieder ins Spiel brachte, die nach einer Platzordnung im Verhältnis zueinander standen: Schuld - Freund, reiche Frau - arme Frau.

Es versteht sich von selbst, daß die Organisation der konstitutiven Serien einer Struktur eine wirkliche Inszenierung voraussetzt und in jedem Falle genaue Einschätzungen und Interpretationen erfordert. Es gibt keinerlei allgemeine Regel; wir kommen hier zu dem Punkt, wo der Strukturalismus bald eine wirkliche Schöpfung, bald eine Initiative und eine Entdeckung impliziert, die nicht ohne Risiko abgehen. Die Bestimmung einer Struktur geschieht nicht allein durch eine Auswahl der symbolischen Grundelemente und der differentiellen Verhältnisse, in die sie eintreten; auch nicht allein durch Verteilung der besonderen Punkte, die ihnen entsprechen; sondern überdies

25 J. Lacan: *Schriften I*. Ausgew. u. hrsg. v. Norbert Haas, übers. v. Rodolphe Gasché, Norbert Haas, Klaus Laermann, Peter Stehlin und Chantal Creusot. Olten 1973, S. 13 (d.Ü.)

durch die Konstituierung zumindest einer zweiten Serie, die komplexe Beziehungen zur ersten unterhält. Und wenn die Struktur ein problematisches Feld, ein Problemfeld definiert, so in dem Sinne, wie die Natur des Problems ihre eigene Objektivität in dieser seriellen Konstituierung enthüllt, welche bewirkt, daß sich der Strukturalismus manchmal einer Musik verwandt fühlt. Philippe Sollers schreibt einen Roman, *Drame*, der durch die Ausdrücke "Problème" und "Manqué" rhythmisiert ist und in dessen Verlauf sich tastende Serien entwickeln ("une chaîne de souvenirs maritimes passe dans son bras droit [...] la jambe gauche au contraire semble travaillée par des groupements minéraux")[26]. Oder auch Jean-Pierre Fayes Versuch eines seriellen Nebeneinanders von Erzählweisen in *Analogues*.

Was hindert nun aber die beiden Serien, sich einfach gegenseitig zu reflektieren und von daher ihre Glieder eins nach dem anderen miteinander zu identifizieren? Das Ensemble der Struktur würde in den Zustand einer Figur der Imagination zurückfallen. Der Grund, der eine solche Gefahr abwendet, ist scheinbar seltsam. In der Tat sind die Glieder jeder Serie von sich aus untrennbar von Staffelungen oder Verschiebungen, die sie im Verhältnis zu den Termini der anderen erfahren; sie sind also untrennbar vom Wechsel der differentiellen Verhältnisse. Was

---

26 "eine Kette maritimer Erinnerungen durchzieht seinen rechten Arm [...] das linke Bein dagegen scheint von mineralischen Gruppierungen bearbeitet" (A.d.Ü.).

den *Purloined Letter* betrifft, so nimmt der Minister in der zweiten Serie den Platz ein, den die Königin in der ersten hatte. In der kindlichen Reihe des *Rattenmannes* nimmt die arme Frau den Platz des Freundes ein, was die Schuld betrifft. Oder in einer doppelten Serie von Vögeln und Zwillingen, welche Lévi-Strauss anführt, nehmen die Zwillinge, die "Personen von oben" sind im Verhältnis zu Personen von unten, notwendig den Platz der "Vögel von unten" ein, nicht der Vögel von oben.[27] Diese Verschiebung in bezug auf die beiden Serien ist keineswegs sekundär; sie beeinflußt kein Glied von außen und auf sekundäre Weise, wie um ihm eine imaginäre Verkleidung zu geben. Im Gegenteil, die Verschiebung ist eigentlich struktural oder symbolisch: sie gehört wesentlich den Plätzen im Raum der Struktur an und beherrscht so alle imaginären Verkleidungen der Wesen und Gegenstände, die auf sekundäre Weise jene Plätze eingenommen haben. Deswegen auch bringt der Strukturalismus der Metapher und der Metonymie so viel Aufmerksamkeit entgegen. Diese sind keineswegs Figuren der Imagination, sondern zunächst strukturale Faktoren. Es sind sogar *die* beiden strukturalen Faktoren, insofern als sie die beiden Freiheitsgrade der Verschiebung von einer Serie zur anderen und im Inneren ein und derselben Serie ausdrücken. Weit entfernt davon, imaginär zu sein, hindern sie die Serien, die sie beleben, ihre Glieder auf imaginäre Weise zu vermengen oder zu verdoppeln. Was sind aber diese relati-

---

27 C. Lévi-Strauss: *Das Ende des Totemismus*, a.a.O., S. 104 (d.Ü.)

ven Verschiebungen, wenn sie absolut zu den Orten in der Struktur gehören?

VI. Sechstes Kriterium: Das leere Feld

Es scheint, daß die Struktur ein völlig paradoxes Objekt oder Element umfaßt. Betrachten wir den Fall des Briefes in der Geschichte von Edgar A. Poe, so wie Lacan sie kommentiert; oder den Fall der Schuld beim *Rattenmann*. Es ist offenkundig, daß dieses Objekt außerordentlich symbolisch ist. Aber wir sagen "außerordentlich", weil es keiner Serie für sich angehört: der Brief ist dennoch in den beiden Serien von Edgar A. Poe präsent; die Schuld ist in den beiden Serien des *Rattenmannes* Präsenz. Ein solches Objekt ist immer in den entsprechenden Serien präsent, es durchläuft sie und bewegt sich in ihnen, es hört nicht auf, mit außerordentlicher Beweglichkeit in ihnen und von einer zur anderen zu zirkulieren. Man könnte sagen, es sei *seine eigene* Metapher und *seine eigene* Metonymie. Die Serien werden in jedem Fall von symbolischen Gliedern und differentiellen Verhältnissen konstituiert; es scheint jedoch von einer anderen Natur zu sein. Tatsächlich werden im Verhältnis zu ihm die Verschiedenartigkeit der Glieder und der Wechsel der differentiellen Verhältnisse jedesmal bestimmt. Die beiden Serien einer Struktur sind immer divergent (auf Grund der Gesetze der Differenzierung). Aber dieses besondere Objekt ist der Konvergenzpunkt der divergenten Serien als solche. Es ist "außerordentlich" symbolisch, aber gerade weil es den zwei Serien zugleich immanent ist. Wie soll man es nennen, wenn nicht Objekt = x, Rätselobjekt oder großes Mobile? Aber dennoch können wir zweifeln: was uns Lacan in zwei Fällen zu entdecken versucht, die besondere Rolle eines Briefes oder einer Schuld - ist dies ein Kunstgriff, der sich allenfalls auf diese Fälle anwenden läßt, oder ist es eine wirklich allgemeine Methode, die für alle strukturablen Bereiche gilt, ein Kriterium für jede Struktur, als definiere sich eine Struktur nicht ohne die Zuweisung eines Objektes = x, das unaufhörlich die Serien durchläuft? Als umfasse das literarische Werk zum Beispiel, oder das Kunstwerk, aber auch andere Werke, die Werke der Gesellschaft, die der Krankheit, die des Lebens im allgemeinen, dieses ganz besondere Objekt, das ihre Struktur beherrscht. Und als ginge es immer darum, herauszufinden, wer H ist, oder ein im Werk enthaltenes x zu entdecken. Ebenso steht es mit den Chansons: der Refrain betrifft ein Objekt = x, während die Couplets divergente Serien bilden, in denen dieses zirkuliert. Deswegen stellen die Chansons wahrhaft eine elementare Struktur dar.

Ein Schüler Lacans, André Green, verweist auf das Vorhandensein des Taschentuchs, das im *Othello* zirkuliert, indem es alle Serien des Stückes durchläuft.[28] Wir sprachen auch von den beiden Serien des Prinzen von Wales, Falstaff oder der Clownsvater, Heinrich IV. oder

---

28 A. Green: "L'objet (a) de J. Lacan", in: *Cahiers pour l'analyse*, N. 3, S. 32

der königliche Vater, die beiden Vaterbilder. Die Krone ist das Objekt = x, das, mit verschiedenen Gliedern und unter verschiedenen Verhältnissen, die beiden Serien durchzieht; der Moment, da der Prinz die Krone aufprobiert, während sein Vater noch nicht tot ist, kennzeichnet den Übergang von einer Serie zur anderen, den Wechsel der symbolischen Glieder und die Wandlung der differentiellen Verhältnisse. Der alte sterbende König ist erzürnt und glaubt, sein Sohn wolle sich vorzeitig mit ihm identifizieren; doch der Prinz weiß zu antworten und in einer glänzenden Rede nachzuweisen, daß die Krone nicht das Objekt einer imaginären Identifikation ist, sondern im Gegenteil das außerordentlich symbolische Glied, das alle Serien durchzieht, die infame Serie des Falstaff und die große königliche Serie, und das innerhalb derselben Struktur den Übergang von der einen zur anderen ermöglicht. Es gab, wie wir gesehen haben, eine erste Differenz zwischen dem Imaginären und dem Symbolischen: die differenzierende Rolle des Symbolischen im Gegensatz zur reflektierenden, verdoppelnden und vermehrenden assimilierenden Rolle des Imaginären. Doch die zweite Grenze erscheint hier deutlicher: entgegen dem dualen Charakter der Imagination jenes Dritte, das wesentlich in das symbolische System eingreift, das die Serien verteilt, sie relativ verschiebt, sie kommunizieren läßt, indem es zugleich verhindert, daß sich das eine imaginär auf das andere niederschlägt.

Schuld, Brief, Taschentuch oder Krone, die Art dieses Objekts wird von Lacan präzisiert: es ist immer im Verhältnis zu sich selbst verschoben. Es hat die Eigenschaft, nicht dort zu sein, wo man es sucht, aber dafür auch gefunden zu werden, wo es nicht ist. Man kann sagen, daß es "an seinem Platz fehlt" (und von daher nichts Reales ist). Ebensogut, daß es sich seiner eigenen Ähnlichkeit entzieht und von daher kein Bild ist) - daß es sich seiner eigenen Identität entzieht (und von daher kein Begriff ist). "[...] was versteckt ist, [ist] immer nur das [...], was *an seinem Platz fehlt*, wie sich der Auftragszettel ausdrückt, wenn ein Band in der Bibliothek verlorengegangen ist. Und stünde dieser Band auch auf dem Regal oder im Fach nebenan, er wäre verborgen, wie sichtbar er auch scheinen mag. Das kommt daher, daß man nur von dem, was seinen Ort wechseln kann, das heißt vom Symbolischen buchstäblich [*à la lettre*] sagen kann, daß es an seinem Platz fehle. Denn für das Reale, in welche Unordnung man es auch immer bringt, befindet es sich immer und in jedem Fall an seinem Platz, es trägt ihn an seiner Sohle mit sich fort, ohne daß es etwas gibt, das es aus ihm verbannen könnte."[29] Wenn die Serien, die das Objekt = x durchläuft, notwendig Verschiebungen darstellen, die im Verhältnis zueinander *relativ* sind, so weil die *relativen* Orte ihrer Glieder in der Struktur zunächst von dem *absoluten* Ort eines jeden, in jedem Moment, im Verhältnis zum Objekt = x abhängen, das beständig zirkuliert, beständig im Verhältnis zu sich selbst verschoben ist. Eben in diesem Sinne bildet die Verschiebung, und allgemeiner

---

29 J. Lacan: *Schriften I*, S. 24 (d.Ü.)

alle Austauschformen, kein von außen hinzugefügtes Merkmal, sondern die grundlegende Eigenschaft, die es ermöglicht, die Struktur als Ordnung der Orte unter wechselnden Verhältnissen zu definieren. Die ganze Struktur wird von diesem ursprünglichen Dritten bewegt - das sich jedoch auch seinem eigenen Ursprung entzieht. Indem das Objekt = x die Differenzen in der ganzen Struktur verteilt, die differentiellen Verhältnisse mit seinen Verschiebungen wechseln läßt, konstituiert es das Differenzierende der Differenz selbst.

Die Spiele benötigen das leere Feld, ohne das nichts voranginge noch funktionierte. Das Objekt = x unterscheidet sich nicht von seinem Ort, doch gehört zu diesem Ort, daß er sich beständig verschiebt, wie es zum leeren Feld gehört, daß es unablässig springt. Lacan zieht den *Platz des Toten* (place du mort)[30] beim Bridge heran. Auf den großartigen Seiten, welche *Die Ordnung der Dinge* eröffnen und auf denen ein Bild von Velazquez beschrieben wird, beruft sich Foucault auf den *Platz des Königs*, im Verhältnis zu dem sich alles verschiebt, gleitet, ohne ihn jemals auszufüllen.[31] Kein Strukturalismus ohne diesen Nullpunkt. Philippe Sollers und Jean-Pierre Faye berufen sich gern auf den *blinden Fleck*, als das, was jenen beständig mobilen Punkt bezeichnet, der die Blendung nach sich zieht, von dem aus jedoch die Schrift möglich wird, weil sich dort die Serien als wirkliche Litereme (littérèmes)

---

30 Siehe die Fußnote 9 (A.d.Ü.)

31 M. Foucault: *Die Ordnung der Dinge*, Kap. I

organisieren. Bei seinem Bemühen, einen Begriff der strukturalen oder metonymischen Kausalität zu entwickeln, entlehnt J.A. Miller von Frege die Setzung eines *Nullpunktes*, der sich der Definition nach seiner eigenen Identität entzieht und der die serielle Konstitution der Zahlen bedingt.[32] Und selbst Lévi-Strauss, der in gewisser Hinsicht der positivistischste der Strukturalisten ist, der am wenigsten romantisch ist, am wenigsten geneigt, ein flüchtiges Element aufzunehmen, erkannte im "Mana" oder seinen Äquivalenten die Existenz eines "flottierenden Signifikanten" an, eines symbolischen Nullwertes, der in der Struktur zirkuliert.[33] Er schloß sich damit dem Nullphonem von Jakobson an, das von sich aus keinerlei differentiellen Charakter noch phonetischen Wert hat, doch im Verhältnis zu dem alle Phoneme sich in ihren eigenen differentiellen Verhältnissen plazieren.

Wenn es stimmt, daß die strukturale Kritik die Bestimmung der "Virtualitäten" in der Sprache zum Gegenstand hat, die vor dem Werk existieren, so ist das Werk selbst struktural, wenn es sich zum Ziel setzt, seine eigenen Virtualitäten zum Ausdruck zu bringen. Lewis Carroll, Joyce erfanden "Kofferwörter", oder allgemeiner, esoterische Wörter, um die Koinzidenz klanglicher verbaler Serien und die Gleichzeitigkeit von Serien assoziierter Geschichten

---

32 J.A. Miller: "La suture". In: *Cahiers pour l'analyse*, N. 1

33 C. Lévi-Strauss: "Einleitung in das Werk von Marcel Mauss", übers. von Henning Ritter. In: Marcel Mauss, *Soziologie und Anthropologie*, Frankfurt 1978, S. 7-41

sicherzustellen. In *Finnegan's Wake* ist es überdies ein *Buchstabe*, der Kosmos ist und der alle Serien der Welt vereinigt. Bei Lewis Carroll konnotiert das Kofferwort mindestens zwei Grundserien (sprechen und essen, verbale Serie und Nahrungsserie), die sich selbst verzweigen können: so das Snark. Es ist ein Irrtum, wenn man sagt, ein solches Wort habe zwei Bedeutungen; in Wirklichkeit gehört es einer anderen Ordnung an, als die Wörter, die einen Sinn haben. Es ist der Un-Sinn, der zumindest die beiden Serien beseelt, der sie jedoch mit Sinn versieht, indem er durch sie zirkuliert. Er ist es mit seiner Allgegenwart, mit seiner unaufhörlichen Verschiebung, der den Sinn in jeder Serie und von einer Serie zur anderen erzeugt und nicht aufhört, die beiden Serien zu verlagern. Er ist das Wort = x, insofern als er das Objekt = x, das *problematische* Objekt bezeichnet. Als Wort = x durchläuft er eine bestimmte Serie wie die des *signifiant*; doch gleichzeitig durchläuft er als Objekt = x die andere bestimmte Reihe wie die des *signifié*. Er hört nicht auf, die Spanne zwischen den beiden Serien zugleich zu vertiefen und aufzufüllen: Lévi-Strauss zeigt dies anhand des "Mana", das er mit den Wörtern "truc" oder "machin" [34] verbindet. Genau auf diese Weise ist der Un-sinn, wie wir gesehen haben, nicht das Fehlen von Bedeutung, sondern im Gegenteil das Übermaß an Sinn oder das, was das *signifié* und das *signifiant* mit Sinn versieht. Der Sinn erscheint

---

34 Beide Wörter haben im Deutschen etwa die Bedeutung "Dingsda" (A.d.Ü.).

hier als die Wirkung des Funktionierens der Struktur in der Lebendigkeit dieser Serien, welche die Bestandteile bilden. Und zweifellos sind die Kofferwörter nur ein Vorgehen unter anderen um diese Zirkulation sicherzustellen. Die Techniken von Raymond Roussel, so wie Foucault sie analysiert hat, sind von einer anderen Art: sie gründen sich auf differentielle phonematische Verhältnisse oder auf noch komplexere Relationen.[35] Bei Mallarmé finden wir Systeme von Verhältnissen zwischen Serien und Mobiles, welche sie beleben, die wieder einen ganz anderen Typ bilden. Unser Ziel ist nicht, das Ensemble von Verfahren zu analysieren, welche die moderne Literatur ausgemacht haben und noch ausmachen, welche mit einer ganzen Topographie, einer ganzen Typographie des "zukünftigen Buches" spielen, sondern allein in all den Fällen die Wirksamkeit dieses zweigesichtigen leeren Feldes zu kennzeichnen, das zugleich Wort und Objekt ist.

Worin besteht es nun, dieses Objekt = x? Ist es das fortwährende Objekt eines Rätsels, das *perpetuum mobile*, und muß es dies bleiben? Dies wäre eine Weise, die objektive Konsistenz, welche die Kategorie des Problematischen innerhalb der Strukturen annimmt, ins Gedächtnis zurückzurufen. Und es ist schließlich gut, daß die Frage "woran erkennt man den Strukturalismus?" zur Setzung von etwas führt, das nicht erkennbar oder identifizierbar ist. Betrachten wir die psychoanalytische Antwort Lacans:

---

35 Siehe M. Foucault: *Raymond Roussel*, übers. von R. Horische-Helliggrath, Frankfurt 1989

das Objekt = x wird als Phallus bestimmt. Aber dieser Phallus ist weder das reale Organ noch die Serie der assoziierten oder assozierbaren Bilder: er ist symbolischer Phallus. Dennoch ist hier sehr wohl von der Sexualität die Rede, es ist hier von nichts anderem die Rede, entgegen den beständig erneuerten frommen Versuchen in der Psychoanalyse, die sexuellen Bezüge zu verleugnen oder zu verkleinern. Doch der Phallus erscheint weder als eine sexuelle Gegebenheit noch als die empirische Bestimmung eines der Geschlechter, sondern als das symbolische Organ, das die *ganze* Sexualität als System oder Struktur begründet und im Verhältnis zu dem sich die auf wechselnde Weise von den Männern und den Frauen eingenommenen Plätze verteilen und auch die Serien von Bildern und Realitäten. Wenn man das Objekt = x als Phallus bezeichnet, so ist also nicht die Rede davon, dieses Objekt zu identifizieren, diesem Objekt eine Identität zu übertragen, die seiner Natur widerstrebt; denn der symbolische Phallus ist im Gegenteil das, was sich seiner eigenen Identität entzieht, was immer dort gefunden wird, wo es nicht ist, denn es ist nicht dort wo man es sucht, ist immer verschoben im Verhältnis zu sich, *in Richtung auf die Mutter.* In diesem Sinne ist er sehr wohl der Brief und die Schuld, das Taschentuch oder die Krone, das Snark und das "Mana". Vater, Mutter etc. sind symbolische Elemente, die in differentiellen Verhältnissen begriffen werden, aber der Phallus ist etwas anderes, das Objekt = x, das den relativen Platz der Elemente und den wechselnden Wert der Verhältnisse bestimmt, indem er aus der gesamten Sexualität eine Struktur macht. Auf Grund der Verschiebungen des Objekts = x wechseln die Verhältnisse, als Verhältnisse zwischen "Partialtrieben", die für die Sexualität konstitutiv sind.

Der Phallus ist offenbar keine letzte Antwort. Er ist sogar vielmehr der Ort einer Frage, eines "Gesuches", das das leere Feld der sexuellen Struktur kennzeichnet. Die Fragen wie die Antworten wandeln sich je nach der betrachteten Struktur, doch niemals hängen sie von unseren besonderen Wünschen ab, noch von einer abstrakten Kausalitätsordnung. Es ist offenkundig, daß das leere Feld einer ökonomischen Struktur als Warenaustausch ganz anders bestimmt werden muß: es besteht in "etwas", das sich weder auf die Termini des Austausches noch auf das Tauschverhältnis selbst reduziert, sondern das ein außerordentlich symbolisches Drittes in beständiger Verschiebung bildet und auf Grund dessen sich die Wechsel von Verhältnissen definieren. So ist der *Wert* als Ausdruck einer "Arbeit *im allgemeinen*", jenseits jeder empirisch beobachtbaren Qualität, Ort der Frage, welche die Ökonomie als Struktur durchkreuzt oder durchzieht.[36] Eine allgemeinere Konsequenz, welche die verschiedenen "Ordnungen" betrifft, leitet sich daraus ab. Gewiß ist es, aus der Perspektive des Strukturalismus, nicht angebracht, das Problem aufzuwerfen: gibt es eine Struktur, die alle ande-

---

36 Siehe *Das Kapital lesen*, Bd. II, S. 338 ff.: Pierre Machereys Analyse des Wertbegriffs, die zeigt, daß dieser im Tauschverhältnis, in dem er auftaucht, immer verschoben ist.

ren in letzter Instanz bestimmt? Zum Beispiel, was steht an erster Stelle, der Wert oder der Phallus und der ökonomische Fetisch oder der sexuelle Fetisch? Aus mehreren Gründen sind diese Fragen sinnlos. Alle Strukturen sind Infrastrukturen. Die Ordnungen der linguistischen, familiären, ökonomischen, sexuellen etc. Strukturen charakterisieren sich durch die Form ihrer symbolischen Elemente, die Vielfalt ihrer differentiellen Verhältnisse, die Art ihrer Besonderheiten, schließlich und vor allem durch die Art des Objekts = x, das ihr Funktionieren leitet. Nun können wir nur dann eine Ordnung linearer Kausalität von einer Struktur zur anderen herstellen, wenn wir dem Objekt = x in jedem Fall die Art Identität zuschreiben, gegen die es sich wesentlich sträubt. Zwischen Strukturen kann die Kausalität nur ein Typ von strukturaler Kausalität sein. Gewiß ist in jeder Strukturordnung das Objekt = x keineswegs ein Unerkennbares, ein reines Unbestimmtes; es ist vollkommen bestimmbar, selbst in seinen Verschiebungen und durch die Verschiebungsweise, die es charakterisiert. Es ist einfach nur nicht zuweisbar: das heißt, es ist nicht auf einen Platz fixierbar, als eine Gattung oder Art identifizierbar. Weil es nämlich selbst die äußerste Gattung der Struktur oder seinen totalen Platz konstituiert: es hat also nur Identität, um sich dieser Identität zu entziehen, und einen Platz, um sich im Verhältnis zu jedem Platz zu verschieben. Von daher ist das Objekt = x für jede Strukturordnung der leere oder perforierte Ort, welcher es dieser Ordnung ermöglicht, sich in einem Raum, der ebenso viele Richtungen wie Ordnungen umfaßt, mit den anderen zu verbinden. Die Strukturordnungen kommunizieren nicht an ein und demselben Ort, aber sie sind alle durch ihren leeren Platz oder das jeweilige Objekt = x miteinander verbunden. Deswegen wird trotz einiger übereilter Seiten von Lévi-Strauss kein Anspruch auf ein Privileg der ethnographischen Sozialstrukturen erhoben, indem man die psychoanalytischen Sexualstrukturen der empirischen Bestimmung eines mehr oder weniger asozialen (desozialisierten) Individuums überläßt. Selbst die Strukturen der Linguistik können nicht als symbolische Elemente oder als letzte *signifiants* gelten: eben in dem Maße, als die anderen Strukturen sich nicht damit zufriedengeben, von der Linguistik entlehnte Methoden durch Analogieverfahren anzuwenden, sondern ihrerseits wirkliche Sprachen, und seien sie auch nicht verbal, finden, welche immer ihre *signifiants*, ihre symbolischen Elemente und differentiellen Verhältnisse mit sich bringen. Foucault, der zum Beispiel das Problem der Verhältnisse Ethnographie-Psychoanalyse aufwirft, hat recht, wenn er sagt: Sie schneiden "sich rechtwinklig, denn die signifikante Kette, durch die sich die alleinige Erfahrung des Individuums konstituiert, steht senkrecht zum formalen System, von dem aus sich die Bedeutungen einer Kultur errichten. In jedem Augenblick findet die der individuellen Erfahrung eigene Struktur in den gesellschaftlichen Systemen eine bestimmte Zahl von Wahlmöglichkeiten (und von ausgeschlossenen Möglichkeiten). Umgekehrt finden die gesellschaftlichen Strukturen in jedem ihrer Wahlpunkte eine bestimmte Zahl von möglichen Individuen (und von anderen, die nicht möglich sind)"[37].

Und in jeder Struktur muß das Objekt = x fähig sein, Rechenschaft abzulegen: 1. von der Weise, auf die es sich in seiner Ordnung die anderen Strukturordnungen unterordnet, so daß diese also nur als Aktualisierungsdimensionen eingreifen; 2. von der Weise, auf die es selbst den anderen Ordnungen in der ihrigen untergeordnet ist (und nur in ihrer eigenen Aktualisierung eingreift); 3. von der Weise, auf die alle Objekte = x und alle Strukturordnungen miteinander kommunizieren, wobei eine jede Ordnung eine Dimension des Raumes definiert, in der sie absolut die höchste ist; 4. von den Bedingungen, unter denen zu einem bestimmten Moment der Geschichte oder in einem bestimmten Falle eine bestimmte Dimension, die einer bestimmten Strukturordnung entspricht, sich nicht für sich selbst entfaltet und der Aktualisierung einer anderen Ordnung unterworfen bleibt (der lacansche Begriff der "Verwerfung" [forclusion] wäre hier wieder von entscheidender Bedeutung).

VII. Letzte Kriterien: Vom Subjekt zur Praxis

In einem gewissen Sinne sind die Plätze nur insofern von realen Wesen erfüllt oder besetzt, als die Struktur "aktualisiert" ist. Doch in einem anderen Sinne können wir sagen, daß die Plätze schon erfüllt oder besetzt sind durch die

---

37 M. Foucault: *Die Ordnung der Dinge*. S. 455 (d.Ü.)

symbolischen Elemente auf der Ebene der Struktur selbst; und die differentiellen Verhältnisse dieser Elemente sind es, welche die Ordnung der Plätze im allgemeinen bestimmen. Es gibt also ein primäres symbolisches Erfüllen vor jedem sekundären Erfüllen oder Einnehmen durch reale Wesen. Nur treffen wir wieder auf das Paradox des leeren Feldes; denn dies ist der einzige Platz, der weder erfüllt werden kann noch darf, und sei es auch durch ein symbolisches Element. Es muß die Vollkommenheit seiner Leere erhalten, um sich im Verhältnis zu sich selbst zu verschieben, und um durch die Elemente und die wechselnden Verhältnisse zu zirkulieren. Als Symbolisches muß es für sich selbst sein eigenes Symbol sein, und sich ewig seiner eigenen Hälfte entziehen, die fähig wäre, es zu besetzen. (Diese Leere ist jedoch kein Nicht-Sein; oder zumindest ist dies Nicht-Sein kein Sein des Negativen, es ist das positive Sein des "Problematischen", das objektive Sein eines Problems und einer Frage.) Deswegen kann Foucault sagen: "In unserer heutigen Zeit kann man nur noch in der Leere des verschwundenen Menschen denken. Diese Leere stellt kein Manko her, sie schreibt keine auszufüllende Lücke vor. Sie ist nichts mehr und nichts weniger als die Entfaltung eines Raums, in dem es schließlich möglich ist, zu denken." [38]

Wenn nun dieser leere Platz auch nicht von einem Glied ausgefüllt ist, so ist er nichtsdestoweniger von einer außerordentlich symbolischen Instanz begleitet, die all

38 M. Foucault: *Die Ordnung der Dinge*. S. 412 (d.Ü.)

seinen Verschiebungen folgt: begleitet, ohne besetzt oder ausgefüllt zu sein. Und die beiden, die Instanz und der Platz, verfehlen sich unaufhörlich gegenseitig und begleiten sich auf diese Weise. Das *Subjekt* ist genau die Instanz, die dem leeren Platz folgt: wie Lacan sagt, ist es weniger Subjekt als unterworfen (assujetti) - dem leeren Feld unterworfen, dem Phallus und seinen Verschiebungen unterworfen. Seine Beweglichkeit ist ohnegleichen, oder müßte es sein. Daher ist das Subjekt wesentlich intersubjektiv. Den Tod Gottes oder selbst den Tod des Menschen anzukündigen, ist gar nichts. Was zählt, ist das *wie*. Nietzsche zeigte bereits, daß Gott auf mehrere Weisen stirbt; und daß die Götter sterben, aber vor Lachen, wenn sie einen Gott sagen hören, er sei der Einzige. Der Strukturalismus ist keineswegs ein Denken, welches das Subjekt beseitigt, sondern ein Denken, welches es zerbröckelt und es systematisch verteilt, welches die Identität des Subjekts bestreitet, es auflöst und von Platz zu Platz gehen läßt, ein Subjekt, das immer Nomade bleibt, aus Individuationen besteht, aber aus unpersönlichen, oder aus Besonderheiten, aber aus vorindividuellen. Genau in diesem Sinne spricht Foucault von "Zerstreuung"; und Lévi-Strauss kann eine subjektive Instanz nur als eine von den Objektbedingungen abhängige definieren, unter denen Wahrheitssysteme umwandelbar und folglich "für mehrere Subjekte gleichzeitig annehmbar"[39] werden.

---

39 C. Lévi-Strauss: *Das Rohe und das Gekochte*. Übs. v. Eva Moldenhauer, Frankfurt 1971, S. 25 (d.Ü.)

Von daher lassen sich zwei große Unfälle der Struktur definieren. Entweder wird das leere und bewegliche Feld nicht mehr von einem Nomadensubjekt begleitet, das dessen Weg hervorhebt; und seine Leere wird zu einem wirklichen Mangel, einer Lücke. Oder es wird im Gegenteil erfüllt, besetzt von dem, was es begleitet, und seine Beweglichkeit verliert sich in der Auswirkung einer seßhaften oder erstarrten Fülle. Man könnte ebensowohl, in linguistischen Termini, sagen, daß einmal das "signifiant" verschwunden sei, daß der Strom des "signifié" kein signifikantes Element mehr findet, das ihn skandiert, daß das andere Mal das "signifié" verschwunden ist, daß die Kette des "signifiant" kein "signifié" mehr findet, das sie durchläuft: die beiden pathologischen Aspekte der Psychose[40]. Man könnte auch in theo-anthropologischen Termini sagen, daß einmal Gott die Wüste wachsen läßt und ein Loch in die Erde gräbt, und das andere Mal, daß der Mensch es ausfüllt, daß er den Platz besetzt und uns in jener vergeblichen Permutation von einem Unglücksfall zum anderen gehen läßt: weswegen der Mensch und Gott die beiden Krankheiten der Erde sind, das heißt der Struktur.

Wichtig ist, zu wissen, unter welchen Faktoren und in welchen Momenten diese Unfälle in Strukturen dieser oder jener Ordnung bestimmt sind. Betrachten wir noch

---

40 Siehe dazu das Schema, das S. Leclaire, in der Folge Lacans, vorschlägt, in "A la recherche des principes d'une psychothérapie des psychoses", in: *L'Évolution psychiatrique*, 1958.

einmal die Analysen Althussers und seiner Mitarbeiter: zum einen zeigen sie, wie die Abenteuer des leeren Feldes in der ökonomischen Ordnung (der Wert als Objekt = x) von der Ware, dem Geld, dem Fetisch, dem Kapital etc. gekennzeichnet sind, welche die kapitalistische Struktur charakterisieren. Zum anderen zeigen sie, wie auf diese Weise in der Struktur Widersprüche entstehen. Schließlich, wie das Reale und das Imaginäre, das heißt, die Wesen, welche die Plätze einnehmen, und die Ideologien, welche das Bild zum Ausdruck bringen, das sie sich davon machen, durch das Spiel dieser strukturalen Abenteuer und der Widersprüche, die daraus hervorgehen, eng bestimmt sind. Gewiß nicht etwa, daß diese Widersprüche imaginär sind: sie sind struktural im eigentlichen Sinne und qualifizieren die Wirkungen der Struktur in der ihr eigenen inneren Zeit. Man kann also vom Widerspruch nicht sagen, daß er offenkundig ist, sondern, daß er abgeleitet ist: er leitet sich aus dem leeren Platz und seinem Werden in der Struktur ab. *In der allgemeinen Regel sind das Reale, das Imaginäre immer auf sekundäre Weise durch das Funktionieren der Struktur hervorgebracht, die damit beginnt, daß sie ihre primären Wirkungen in sich selbst hat.* Deswegen stößt das, was wir eben Unfälle genannt haben, der Struktur keineswegs von außen zu. Es handelt sich im Gegenteil um eine immanente "Tendenz"[41]. Es handelt sich um ideelle Ereignisse, die Teil

---

41 Zu den marxistischen Begriffen "Widerspruch" und "Tendenz" siehe die Analysen von E. Balibar: *Das Kapital lesen*, Bd. II, S. 381 ff. (d.Ü.)

der Struktur selbst sind und die symbolisch deren leeres Feld oder deren Subjekt angreifen. Wir nennen sie "Unfälle", um nicht etwa ein Merkmal von Zufälligkeit oder Äußerlichkeit besser zur Geltung zu bringen, sondern jenen Charakter eines Ereignisses innerhalb der Struktur, insofern als diese sich niemals auf ein einfaches Wesen reduziert.

Von daher stellt sich dem Strukturalismus ein Ensemble komplexer Probleme, welche die strukturellen "Veränderungen" (Foucault) oder die "Übergangsformen" von einer Struktur zur anderen (Althusser) betreffen. Immer auf Grund des leeren Feldes sind die differentiellen Verhältnisse empfänglich für neue Werte oder Wandlungen und die Besonderheiten fähig zu neuen Verteilungen, die für eine andere Struktur konstitutiv sind. Weiter müssen die Widersprüche "gelöst" sein, das heißt, der leere Platz muß von symbolischen Ereignissen freigemacht werden, die ihn verdunkeln oder ausfüllen, er muß dem Subjekt übergeben werden, das ihn auf neuen Wegen begleiten muß, ohne ihn zu besetzen oder ihn zu verlassen. Daher gibt es einen strukturalistischen *Heros:* weder Gott noch Mensch, weder persönlich noch unpersönlich ist er ohne Identität und besteht aus unpersönlichen Individuationen und vorindividuellen Besonderheiten. Er sorgt für die Sprengung einer durch Überfluß oder Mangel angegriffenen Struktur, er setzt *sein eigenes* ideales Ereignis den idealen Ereignissen, die wir definiert haben, entgegen.[42]

---

42 Siehe Michel Foucault: *Die Ordnung der Dinge*, S. 269: die strukturel-

Daß er einer neuen Struktur angehört, um keine Abenteuer zu beginnen, die jenen der alten Struktur analog sind, um nicht tödliche Widersprüche neu erstehen zu lassen, dies hängt von der Widerstandskraft und der schöpferischen Kraft dieses Heros ab, von seiner Gewandtheit, den Verschiebungen zu folgen und sie zu überwachen, von seinem Vermögen, die Verhältnisse wechseln zu lassen und die Besonderheiten neu zu verteilen, indem er immer auch Würfel auswirft. Dieser Veränderungspunkt definiert genau eine Praxis, oder vielmehr den Ort selbst, an dem sich die Praxis einrichten muß. Denn der Strukturalismus ist nicht nur untrennbar von den Werken, die er schafft, sondern auch von einer Praxis im Verhältnis zu den Erzeugnissen, die er interpretiert. Ob diese Praxis nun therapeutisch oder politisch ist, immer bezeichnet sie einen Punkt permanenter Revolution oder permanenter Übertragung.

Diese letzten Kriterien, vom Subjekt zur Praxis, sind die dunkelsten - Kriterien der Zukunft. Durch die sechs vorangehenden Kennzeichnungen haben wir nur ein System von Echos zwischen Autoren sammeln wollen, die voneinander völlig unabhängig sind, da sie sehr verschiedene Gebiete erforschen. Und auch die Theorie, die sie

---

le Veränderung kann "wenn sie analysiert, und zwar minuziös analysiert werden soll, nicht mit einem einzelnen Wort 'erklärt' oder auch nur aufgenommen werden. Sie ist ein radikales Ereignis, das sich an der ganzen sichtbaren Oberfläche des Wissens verteilt und dessen Zeichen, Erschütterungen und Wirkungen man Schritt für Schritt verfolgen kann".

selbst über diese Echos darlegen. Auf den verschiedenen Ebenen der Struktur sind das Reale und das Imaginäre, die realen Wesen und die Ideologien, der Sinn und der Widerspruch "Wirkungen", die als das Ende eines Prozesses, einer differenzierten, im eigentlichen Sinne strukturalen Produktion begriffen werden müssen: eine seltsame statische Genese für physikalische (optische, klangliche etc.) "Wirkungen". Die Bücher gegen den Strukturalismus (oder jene gegen den Nouveau roman) haben genaugenommen keinerlei Bedeutung; sie können nicht verhindern, daß der Strukturalismus eine Produktivität besitzt, welche die unserer Epoche ist. Kein Buch *gegen* etwas, was dies auch immer sei, hat jemals Bedeutung; es zählen allein die Bücher "für" etwas Neues, und die Bücher, die es zu produzieren wissen.

INTERNATIONALER MERVE DISKURS

61 Foucault, Mikrophysik der Macht
67 Deleuze/Guattari, Rhizom
68 Deleuze/Foucault, Der Faden ist gerissen
69 Lyotard, Das Patchwork der Minderheiten
71 Cixous, Die unendliche Zirkulation des Begehrens
75 Lyotard, Intensitäten
77 Foucault, Dispositive der Macht
79 Baudrillard, Kool Killer oder Der Aufstand der Zeichen
80 Virilio, Fahren, fahren, fahren...
81 Baudrillard, Agonie des Realen
82 Irigaray, Das Geschlecht das nicht eins ist
83 Klossowski/Foucault/Blanchot/Deleuze, Sprachen d. Körpers
84 Deleuze, Ein Nietzsche-Lesebuch
87 Charles, John Cage oder Die Musik ist los
90 Virilio, Geschwindigkeit und Politik
95 Deleuze, Kleine Schriften
94 Cixous, Weiblichkeit in der Schrift
99 Godard, Liebe Arbeit Kino
100 Szeemann, Museum der Obsessionen
101 W.Müller (Hg.), Geniale Dilletanten
102 Lyotard, Affirmative Ästhetik
104 Heiner Müller, Rotwelsch
105 Bonito Oliva, Im Labyrinth der Kunst
112 Baudrillard, Laßt Euch nicht verführen!
113 Barthes, Cy Twombly
114 Lotringer, New Yorker Gespräche
116 Virilio/Lotringer, Der reine Krieg
118 Fitzgerald, Der Knacks / Deleuze, Porzellan und Vulkan
121 Foucault, Von der Freundschaft
122 Cage/Charles, Für die Vögel
124 Böhringer, Begriffsfelder. Von der Philosophie zur Kunst
126 Veyne, Aus der Geschichte
127 Vuarnet, Der Künstler-Philosoph
128 Kneubühler, Wegsehen
129 Lyotard, Malerei u. Phil. i. Zeitalter ihres Experimentierens
132 Virilio, Ästhetik des Verschwindens
133 Foucault, Vom Licht des Krieges
134 Taubes, Ad Carl Schmitt. Gegenstrebige Fügung
135 Borngräber (Hg.), Berliner Design-Handbuch
136 Blixa Bargeld, Stimme frißt Feuer
137 Jeudy, Die Welt als Museum
138 Borges/Santiago/Casares, Die Anderen (Drehbuch)
139 Deleuze, Spinoza. Praktische Philosophie
140 de Certeau, Kunst des Handelns
141 Seitter, Das politische Wissen im Nibelungenlied
142 Hosokawa, Der Walkman-Effekt
143 Luhmann, Archimedes und wir
145 Ingold, Das Buch im Buch
146 Philosophie der neuen Technologie ars electronica (Hg.)
147 Charles, Zeitspielräume. Performance Musik Ästhetik
148 Deleuze/Foucault/u.a., Pariser Gespräche. Hg. F. Ewald
149 Virilio, Die Sehmaschine
151 Böhringer, Moneten. Von der Kunst zur Philosophie
152 ars electronica (Hg.), Im Netz der Systeme
153 Deleuze, Kants kritische Philosophie
154 Seitter, Versprechen, versagen
155 Acker, Ultra light-last minute-ex+pop-literatur
156 Baudrillard, Das Jahr 2000 findet nicht statt